OBJETS

RICHES ET NOMBREUX

COMPOSANT

L'EXPOSITION OTTOMANE

ET PROVENANT

De Collections Diverses

DONT LA VENTE, AUX ENCHÈRES PUBLIQUES,

EN VERTU D'ORDONNANCE

AURA LIEU

EN L'HOTEL, RUES DROUOT & ROSSINI

SALLE Nº 2

Les Lundi 18, Mardi 19, Mercredi 20 et Jeudi 21 Novembre 1867

A UNE HEURE

Par le ministère de Mᵉ **BAUDRY**, Commissaire-Priseur, à Paris,
rue Neuve-des-Petits-Champs, 50,

ASSISTÉ DE :

M. DHIOS, Expert, rue Le Peletier, nº 33, pour les Objets d'Art
et Curiosités ;

Et de **M. MARTIN**, Expert, rue Chauchat, nº 13, pour la
Bijouterie, Joaillerie et Orfévrerie ;

CHEZ LESQUELS SE DÉLIVRENT LE PRÉSENT CATALOGUE, LES NOTICES ET LES CARTES
D'ENTRÉE POUR L'EXPOSITION PARTICULIÈRE.

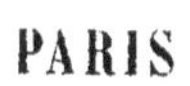

EXPOSITIONS { PARTICULIÈRE : Le Samedi 16 Novembre
PUBLIQUE : Le Dimanche 17 Novembre } de 1 heure à 5 heures.

PARIS

RENOU & MAULDE

IMPRIMEURS DE LA COMPAGNIE DES COMMISSAIRES-PRISEURS
Rue de Rivoli, 144

1867

EXEMPLAIRE DE DHIOS

OBJETS
RICHES ET NOMBREUX

COMPOSANT

L'EXPOSITION OTTOMANE

ET PROVENANT

De Collections Diverses

DONT LA VENTE, AUX ENCHÈRES PUBLIQUES,

EN VERTU D'ORDONNANCE

AURA LIEU

EN L'HOTEL, RUES DROUOT & ROSSINI

SALLE N° 2

**Les Lundi 18, Mardi 19, Mercredi 20 et Jeudi
21 Novembre 1867**

A UNE HEURE

Par le ministère de M⁰ **BAUDRY**, Commissaire-Priseur, à Paris,
rue Neuve-des-Petits-Champs, 50,

ASSISTÉ DE :

M. DHIOS, Expert, rue Le Peletier, n° 33, pour les Objets d'Art
et Curiosités;

Et de **M. MARTIN**, Expert, rue Chauchat, n° 13, pour la
Bijouterie, Joaillerie et Orfévrerie;

CHEZ LESQUELS SE DÉLIVRENT LE PRÉSENT CATALOGUE, LES NOTICES ET LES CARTES
D'ENTRÉE POUR L'EXPOSITION PARTICULIÈRE.

EXPOSITIONS { PARTICULIÈRE : Le Samedi 16 Novembre } de 1 heure a 5 heures.
{ PUBLIQUE : Le Dimanche 17 Novembre }

PARIS — 1867

ORDRE DES VACATIONS

PREMIER JOUR, LUNDI, 18 NOVEMBRE, A 1 HEURE :

Objets de bureau et de fumeurs, de Voyage et de Campement, Maroquinerie, Tabletterie, Vannerie, Coutellerie. Instruments de musique, Tapis, Tissus et Broderies.

DEUXIÈME JOUR, MARDI, 19 NOVEMBRE, A 1 HEURE :

Bronzes d'Art, Objets en métaux repoussés, Armes, Sellerie, Bourrellerie, Tapis, Tissus et Broderies.

TROISIÈME JOUR, MERCREDI, 20 NOVEMBRE, A 1 HEURE :

Marbres de Panderma, Orfévrerie, Joaillerie, Bijouterie, Armes, Tapis, Tissus et Broderies.

QUATRIÈME JOUR, JEUDI, 21 NOVEMBRE, à 1 HEURE :

Meubles de luxe, Pelleterie, Costumes nationaux, Habillements des deux sexes, Tapis, Tissus et Broderies.

CONDITIONS DE LA VENTE

Elle sera faite au comptant.

Les Adjudicataires paieront DIX POUR CENT, en sus des enchères, pour couvrir les frais de douane et autres.

PRÉFACE

———

Tous les Objets désignés dans ce Catalogue, et qui vont être livrés aux enchères, offrent un attrait particulier que nous croyons utile de signaler. Ils n'ont pu être indiqués que sommairement, sur la demande qui nous en a été faite.

C'est, croyons-nous, la première Vente de ce genre qui ait lieu à Paris, et il est probable qu'un long espace de temps s'écoulera, avant de retrouver réunis tant de choses précieuses, tant de produits originaux et curieux.

La Turquie, comme on le sait, est un pays industrieux, qui excelle dans l'ornementation des détails et s'est avancé très-loin dans le domaine de la fantaisie.

Les articles spécialement apportés en France pour l'Exposition Universelle sont de véritables types de l'Art Oriental, recherchés avec soin dans tout l'Empire. Leurs formes élégantes et gracieuses doivent, avec raison, captiver les Amateurs.

Les produits que nous allons vendre ont le mérite

d'avoir fait connaître plusieurs branches importantes du commerce et de l'industrie des Ottomans; quelques-uns même nous donnent une idée exacte de leurs habitudes.

Ces produits sont non-seulement dignes d'être remarqués, mais ont, pour la plupart, une supériorité incontestable sur ceux des autres nations.

A côté des tapis de Smyrne, dont la variété de couleurs frappe tous les regards, on peut admirer de riches broderies d'or, d'argent, de soie et les broderies dites *Oya*. Les Étoffes et Meubles de luxe, les Pelleteries et Fourrures, les Faïences, ne le cèdent en rien aux Œuvres fines d'orfévrerie, aux Instruments de musique, aux Armes damassées et à la Sellerie d'apparat.

DÉSIGNATION

MEUBLES DE LUXE

En Bois d'olivier de Jérusalem et Cèdre du Liban, avec incrustations de Nacre de Perle et d'Écaille.

Berceau très-finement sculpté;

Bibliothèque, à deux corps, plein et vitré;

Coffres et Coffrets à Bijoux et à Cachemires;

Tables et Guéridons;

Bureau-Ministre, avec appliques en nacre sculptée.

Trictrac d'ébène et d'ivoire.

Etagères, Encoignures.

MEUBLE DE SALON recouvert en reps rouge brodé d'or, composé de deux Canapés, quatre Fauteuils et douze Chaises.

Pliants, Tabourets.

UN TRÈS-RICHE COFFRE ORIENTAL en marqueterie, renfermant une grande quantité de Jeux français et étrangers, en nacre de perle, ébène et ivoire.

Il est supporté par une table en marqueterie ancienne.

Le tout, d'un travail remarquable, forme un OBJET PRINCIER.

TAPIS DE SMYRNE & DE KONIAH

Tapis dits Sofrali, avec rosace indiquant la place de la table (Sofra).

Tapis rayés de six couleurs, appelés Sirali.

Duchemé, tapis à laine courte et poil de chèvre, fabriqués par les tribus nomades.

Descentes de lit, dites Sidjadé.

Tapis de tables et de guéridons.

TISSUS D'AMEUBLEMENT

Étoffes veloutées de Constantinople.

Velours au tissu pelucheux, et gaufrés.

Damas de Beyrouth et de Bagdad.

Feutres pour tapis de pieds et portières.

Moustiquaires.

Linge de lit, Nattes, Taies de coussins et d'oreillers en étoffes brochées.

MARBRES DE PANDERMA

DEUX GRANDES COUPES supportées par des éléphants, en bronze, et ornées de têtes de tortues (0^m,30 de diamètre sur une hauteur de 0^m,25.)

DEUX AUTRES COUPES avec support en bronze doré terminé par trois pieds de biche. — Largeur et hauteur, 0,^m25.

DEUX GAÎNES d'une hauteur de 1^m,10.

Les articles qui précèdent pourront être divisés.

Une gracieuse JARDINIÈRE, forme ovale, 0^m,40 de hauteur sur 0^m,50 de longueur et 0^m25 de largeur.

Les Objets ci-dessus ont obtenu une médaille d'argent.

ORFÈVRERIE

Ouvrages en filigrane d'argent et acier, avec incrustations d'or.

Lampes de mosquée et d'église, Encensoirs et Aspersoirs.

Candélabres, Lampes, Plateaux.

Couverts damassés, Fourchettes, Presse-Citrons, Passoires.

Brûle-Parfums, Boîtes à cigares, Porte-Cigares et cigarettes, Tabatières.

ZARFS, supports de tasses à café.

Élégants Miroirs, Boîtes à bijoux et Coffrets.

JOAILLERIE & BIJOUTERIE

Bracelets, Breloques, Boutons, Boîtes à bijoux, Boucles d'oreilles, Broches.

Colliers, Ceintures, Cordons pour chapelets et Montres. Ceintures pour dames, Chaînes de montre.

Parures en cristal de roche taillé.

Ornements de coiffure.

Pendants d'oreilles.

Porte-Cigares, Porte-Cigarettes.

Amulettes.

BRONZES D'ART & OBJETS EN MÉTAUX REPOUSSÉS

Aiguières.

Narghilés.

Candélabres, Flambeaux, Vases et Bassins de diverses formes.

Sucriers, Soupières, Cafetières, Plats et Plateaux.

ARMES

Armes blanches et à feu.

Sabres et yatagans damassés avec fourreaux dorés.

Lances, Haches, Poignards, Couteaux.

Grand nombre de Carabines et Fusils de tous modèles.

Espingoles, Pistolets avec incrustations d'acier et d'ivoire.

Cartouchières, Crosses de fusils, Frondes, Flèches, Massues, Gibernes et Fourniments.

OBJETS DE BUREAU

Encriers avec série de petits Vases contenant une encre de couleur différente.

Canifs, Couteaux, Ciseaux, Cachets.

Porte-Plumes, Serre-Papiers, Règles.

Albums, Pupitres.

SELLERIE

Quarante riches selles de forme ancienne et Selles de forme moderne, revêtues d'ornements orientaux, pour chevaux et chameaux.

Cravaches, Schabraques, Martingales et Harnais.

BOURRELLERIE

Brides, Bâts, Colliers, Croupières, Couvertures.

Étrilles, Étriers, Entraves.

Fouets, Licous, Mors et Sangles.

PELLETERIE

COLLECTION DE FOURRURES ET DE PELISSES.

Peaux de Lions, Léopards, Tigres, Ours, Rhinocéros, Loups, Loups-Cerviers, Renards, Chacals, Chiens, Chats noirs. Chats sauvages, Blaireaux, Fouines.

MARTRES-ZIBELINES.

Peaux de Cerfs, Daims, Chevreuils, Gazelles, Lièvres. Ecureuils.

Porcs-épics et Castors.

Toisons d'agneaux dits d'ASTRAKAN. Béliers, Chèvres et Chevreaux.

Plumes et Peaux d'Autruches et de Grèbes.

MAROQUINERIE, TABLETTERIE & VANNERIE

Bâtons de DERVICHE et Chapelets.

Riches Tuyaux brodés et Fourneaux de pipes, de formes multiples.

NARGHILÉS et TCHIBOUKS, décorés de ciselures.

Bouts d'ambre jaune et noir.

Verre d'eau et Tasse en corne de Rhinocéros.

Paniers en feuilles de palmier et de dattier.

Tabourets et escabeaux.

Chasse-mouches, Boîtes, Coffrets.

Nombreux Objets tournés.

INSTRUMENTS DE MUSIQUE

Zournas ou Tambourins doubles.
Bulgaris ou Mandolines.
Hautbois, Chalumeaux, Musettes.
Cors, Tambours de Basque, Castagnettes.
Cymbales.

COUTELLERIE

Couteaux et Ciseaux destinés à la table et aux usages industriels.
Canifs, Rasoirs.

COSTUMES NATIONAUX

Divers Costumes appartenant particulièrement aux Classes populaires de la Turquie et aux Corporations ouvrières.

HABILLEMENTS DES DEUX SEXES

Habits géorgiens.
Vêtements albanais.

CHAUSSURES : Bottes à l'écuyère, Bottines, Espadrilles, Pantoufles, Souliers, Sabots, Guêtres.

FEZ.

Linge de corps.

Manteaux, Burnous, Echarpes, Jupons, Voiles.

DENTELLES, BRODERIES, PASSEMENTERIES

Nombreuses Pièces brodées pour vêtements des deux sexes et pour meubles.

Echarpes, Burnous, Bonnets, Capuchons.

Trousseaux de mariées.

FILS ET TISSUS DE SOIE

Etoffes de soie pour Chemises, Pantalons, Manteaux, Robes, Bonnets, Draps de lit, Tapis de table.

Satins, Taffetas, Rubans, Velours.

Linge de bain.

Voiles dits ABANI.

Châles, Gazes brodées et fabriquées à la mécanique.

Soies gréges, blanches et jaunes.

FILS ET TISSUS DE COTON

Etoffes pour Pantalons, Robes, Chemises, Draps de lit,
Taies d'oreiller, Linge de bain, Essuie-mains.
Toiles à matelas et à voiles.

FILS ET TISSUS DE LIN

Pièces de Toile en lin et chanvre.

FILS ET TISSUS DE LAINE PEIGNÉE

Etoffes dites Sof et Chali.
Couvertures, Laine pour Bas.
Etoffes blanches pour Pantalons.

FILS ET TISSUS DE LAINE CARDÉE

Etoffes de Chayak.
Id.   pour Sofas et Coussins.

Draps pour Habillements.

Flanelle, Couvertures.

Abas pour Guêtres, Pantalons, Manteaux et Pardessus.

BONNETERIE ET LINGERIE

Articles à tous usages comprenant les Objets accessoires du Vêtement.

Objets de Voyage et de Campement, et quantité d'autres Articles qui n'ont pu être catalogués.

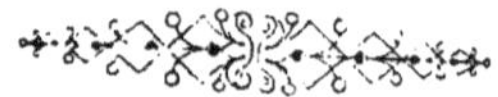

Renou et Maulde, imprimeurs de la Compagnie des Commissaires-Priseurs,
rue de Rivoli, 144.   8941

18 novembre

VENTE

En vertu d'Ordonnance

D'OBJETS RICHES & NOMBREUX

COMPOSANT

L'EXPOSITION OTTOMANE

ET PROVENANT DE COLLECTIONS DIVERSES

EN L'HOTEL

RUES DROUOT & ROSSINI, SALLE N° 2

Les Lundi 18, Mardi 19, Mercredi 20 & Jeudi 21 Novembre 1867

A UNE HEURE

Par le ministère de Mᵉ **BAUDRY**. Commissaire-Priseur, à Paris,
rue Neuve-des-Petits-Champs, 50,

ASSISTÉ DE :

M. DHIOS, Expert, rue Le Peletier, n° 33, pour les Objets d'Art,
et Curiosités ;

Et de **M. MARTIN**, Expert, rue Chauchat, n° 13, pour la
Bijouterie, Joaillerie et Orfévrerie ;

CHEZ LESQUELS SE DÉLIVRENT LA PRÉSENTE NOTICE, LES CATALOGUES ET CARTES
D'ENTRÉE POUR L'EXPOSITION PARTICULIÈRE.

EXPOSITIONS

PARTICULIÈRE, le 16 Novembre 1867 ⎫
⎬ de une heure à cinq heures.
PUBLIQUE, le 17 Novembre 1867 ⎭

PARIS — 1867

ORDRE DES VACATIONS

Premier Jour, Lundi, *18 Novembre, à 1 heure :*

Objets de Bureau et de Fumeurs, de Voyage et de Campement, Maroquinerie, Tabletterie, Vannerie, Coutellerie. Instruments de Musique, Tapis, Tissus et Broderies.

Deuxième Jour, Mardi, *19 Novembre, à 1 heure :*

Bronzes d'Art, Objets en Métaux repoussés, Armes. Sellerie, Bourrellerie, Tapis, Tissus et Broderies.

Troisième Jour, Mercredi, *20 Novembre, à 1 heure :*

Marbres de Panderma, Orfèvrerie, Joaillerie, Bijouterie. Armes, Tapis, Tissus et Broderies.

Quatrième Jour, Jeudi, *21 Novembre, à 1 heure :*

Meubles de luxe, Pelleterie, Costumes nationaux, Habillements des deux sexes, Tapis, Tissus et Broderies.

CONDITIONS DE LA VENTE

Les Adjudicataires paieront DIX POUR CENT, en sus des enchères, pour couvrir les frais de douane et autres.

DÉSIGNATION SOMMAIRE

Meubles de luxe en Bois d'olivier de Jérusalem et Cèdre du Liban, avec Incrustations de Nacre de Perle et d'Écaille.

Tapis de Smyrne et de Koniah.

Tissus d'Ameublement.

Marbres de Panderma.

Orfévrerie. — Ouvrages en Filigrane d'Argent et Acier, avec Incrustations d'Or.

Joaillerie et Bijouterie.

Bronzes d'Art et Objets en Métaux repoussés.

Armes.

Objets de Bureau.

Sellerie.

Bourrellerie.

Pelleterie. — Collection de Fourrures et de Pelisses.

DÉSIGNATION SOMMAIRE

Maroquinerie, Tabletterie et Vannerie.

Instruments de Musique.

Coutellerie.

Costumes nationaux. — Divers Costumes appartenant particulièrement aux classes populaires de la Turquie et aux corporations ouvrières.

Habillements des deux Sexes.

Dentelles, Broderies, Passementeries.

Fils et Tissus de Soie, de Coton, de Lin, de Laine peignée, de Laine cardée.

Bonneterie et Lingerie.

Objets de Voyage et de Campement, et quantité d'autres articles non catalogués.

Renou et Maulle, imprimeurs de la Compagnie des Commissaires-Priseurs, rue de Rivoli, 144   8911